Inhalt

Besprechungsmanagement - Meetings souverän steuern

Kernthesen

Beitrag

Fallbeispiele

Weiterführende Literatur

Impressum

Besprechungsmanagement - Meetings souverän steuern

C.F.Dobner

Kernthesen

Verbindliche und zielführende Ergebnisse können nur durch aktive Steuerung von Meetings erzielt werden. In dem Zusammenhang ist Wissen und Information stets als Kosten- aber auch als Wertschöpfungsfaktor zugleich zu betrachten. Eine

produktive Besprechungskultur fördert gute Besprechungsergebnisse. Effizient und effektiv gestaltete Meetings steigern nachhaltig den Unternehmenserfolg.

Beitrag

Steuerung von Meetings als Erfolgsfaktor

Kaum jemandem dürften schier nicht enden wollende Meetings gänzlich unbekannt sein. Im schlechtesten aller Fälle bleiben sie auch noch ergebnislos. Wirtschaftlich betrachtet stellen derartige Besprechungen einen enormen Kostenfaktor für ein Unternehmen dar. Beachtung ist jedoch nicht nur der Wirtschaftlichkeit, sondern auch dem Gemüt der Besprechungsteilnehmer zu schenken. Regelmäßige ergebnislose Endlosmeetings demotivieren sowohl Mitarbeiter als auch Verantwortliche. Aus diesen, die Unternehmensentwicklung eher weniger fördernden Gründen gilt es Meetings souverän zu steuern.

Besprechungen verfolgen häufig unterschiedliche Zwecke. Sie können dazu dienen sich gegenseitig auszutauschen und auf den jeweils neuesten Stand zu bringen. Sie können jedoch auch eingesetzt werden, um tiefgreifende Probleme zu erörtern und Lösungen dafür zu finden.

Wie häufig Besprechungen abgehalten werden sollen, ist sicherlich individuell verschieden. Wenn häufig außerplanmäßige Besprechungen einberufen werden müssen, sind in der Regel allerdings die Intervalle der planmäßigen Besprechungen deutlich zu kurz. Regelmäßigere Besprechungen wären in diesen Fällen effektiver und auch zeitsparender. Darüber, wie lange die jeweiligen Besprechungen andauern sollten, lässt sich natürlich keine verbindliche Aussage treffen. Besprechungen sind meist jedoch effizienter, wenn das dafür vorgesehene Zeitfenster verkleinert wird.

Besprechungsvorbereitung

Vor dem eigentlichen Besprechungstermin ist eine gute Vorbereitung auf das anstehende Meeting unverzichtbar. Ein wichtiger Faktor ist eine gut durchdachte Tagesordnung, deren Aufstellung zwar zunächst Zeit kostet, die jedoch später wieder eingespart wird. Mittels Vorlagen kann die dafür

benötigte Zeit zum Beispiel auch optimiert werden. Gewarnt sei an dieser Stelle vor einer zu starren Agenda, die jegliche davon abweichende Diskussion bereits im Keim ersticken könnte. Es sollte stets sicher gestellt sein, flexibel auf Situationen reagieren zu können. Der Moderator muss stets den roten Faden im Auge behalten und abwägen, ob abweichende Diskussionen noch zielführend sind. Dem Inhalt der Agenda sollten das Thema, der Zweck des Themas, die Verantwortung und der Zeitrahmen für den jeweiligen Tagesordnungspunkt zu entnehmen sein. Tagesordnungspunkte sollten grundsätzlich möglichst kurz und präzise formuliert sein. Ein probates Mittel die Teilnehmer zum Nachdenken anzuregen, ist die Formulierung von Tagesordnungspunkten in Frageform.
Dazu nachfolgendes Beispiel:

TOP1: Vertriebskosten senken das Unternehmensergebnis

oder

TOP1: Mit welchen Mitteln können Vertriebskosten gesenkt und das Unternehmensergebnis verbessert werden?

Wichtig ist, dass aus der Agenda auch der Zweck des jeweiligen Tagesordnungspunktes hervorgeht, da andernfalls breite Diskussionen entstehen, die nur wenig zielführend sein werden und zudem kostbare Zeit rauben. Die konkrete Benennung eines Verantwortlichen ist unabdingbar. Dieser sollte dem Grunde nach den jeweiligen Tagesordnungspunkt auch moderieren. Um den Zeitrahmen für das gesamte Meeting einhalten zu können, sollte auch für den jeweiligen Tagesordnungspunkt eine Zeitvorgabe fixiert werden.

Entwicklung einer Besprechungskultur

Wie diszipliniert das Meeting im Einzelnen verläuft, ist trotz allem nur wenig von der Vorbereitung, also von der - wenn auch noch so akribisch ausgearbeiteten - Agenda abhängig. Für den Einstieg in eine Besprechung ist es wichtig, nicht zu viel vorauszusetzen. Es ist in der Regel nicht jedem Besprechungsteilnehmer möglich, gut vorbereitet zum Meeting zu erscheinen. Dies kann einerseits durch zeitliche Faktoren, anderseits durch eine unterschiedliche Informationsbasis begründet sein. Zu Beginn muss demnach meist noch eine gemeinsame Informationsbasis geschaffen werden, um alle Teilnehmer gleichermaßen mit einzubinden. In Sachen Besprechungskultur wird dem Moderator der Besprechung eine besondere Rolle zu Teil, da dieser die Besprechungskultur vorlebt und Regeln setzt. Auch hier sei vor zu strikten Regeln gewarnt, um den Gesprächsfluss, der durchaus zielführend sein kann, nicht zu unterbrechen. Als Regelungen, die mehr oder weniger strikt gehandhabt werden können, könnten folgende gelten:

a) Einhaltung der Agenda und Ergebnisprotokollierung
b) Einhaltung des veranschlagten Zeitrahmens
c) Keine Bevormundung, freie und eigene Meinungsäußerung
d) Gegenseitiges Ausreden lassen
e) Abschalten von Mobiltelefonen

Ein regelmäßiges Phänomen ist auch, dass Besprechungen häufig diszipliniert beginnen, zu fortgeschrittener Stunde jedoch mehr und mehr aus dem Ruder laufen. Fraglich ist, mit welchen Mitteln die Besprechung doch noch effizient und effektiv verlaufen kann.

Laufen Diskussionen am eigentlichen Thema vorbei, oder kommen andere Teilnehmer auf Grund eines dominanten Teilnehmers nicht zu Wort, empfiehlt es sich durch Signale wie zu betonen, etwas verstanden zu haben, mit dem eigentlichen Thema fortzufahren. Auch die richtige Körpersprache spielt hierbei keine unbedeutende Rolle.

Sollte ein Meeting ins Stocken geraten, weil man

selbst nicht in der Lage ist, eine aufgeworfene Frage zufriedenstellend zu beantworten, so sollte die Frage an die Runde weitergegeben werden, um Zeit zu gewinnen und ggf. um eine zielführende Diskussion anzustoßen.

Hilfreich kann zwischendurch auch sein, Probleme zu visualisieren zum Beispiel auf einem Flipchart. Dadurch können komplexe Sachverhalte noch einmal für jeden verständlich aufgearbeitet werden.

Erscheint bei einer Diskussion eine Problemlösung nicht in Aussicht, so könnte es hilfreich sein, reihum jeden Gesprächsteilnehmer nach seiner jeweiligen Meinung zu befragen. Die Antworten sollten kurz und aussagekräftig sein.

Ein bewährtes Mittel ist auch Pausen zum richtigen Zeitpunkt zu machen. Verhärtete Fronten lassen sich nach der Pause häufig leichter auflösen. Sollte dennoch Stagnation eintreten, empfiehlt sich eine gänzliche Vertagung. (1), (2), (3), (6)

Protokollführung als sinnvolles Instrument

Vorab sei gesagt, dass Protokollführung und Moderation zugleich nicht miteinander vereinbar

sind. Protokollführer und Moderator sollten stets unterschiedliche Personen sein.
Regelmäßig stellt sich die Frage wie ausführlich ein Besprechungsprotokoll sein sollte. Hier gibt es sicher nicht eine einzige richtige Antwort. In Wirtschaftskontexten erscheint jedoch ein Ergebnisprotokoll als sinnvoll. Ergebnisprotokolle sollten im Kern Beschlüsse und Maßnahmen festhalten. Konkrete Zeitpläne, Ziele und Verantwortliche sollten fixiert werden. Besonders effektiv ist die Erstellung eines Protokollformulars. Das Formular sollte direkt während der Besprechung nach Abarbeitung jedes Tagesordnungspunktes ausgefüllt und für jeden sichtbar projiziert werden. Dies bewahrt insbesondere vor verfälschten Erinnerungsprotokollen. Außerdem kann direkt die Zustimmung aller Besprechungsteilnehmer eingefordert werden.

Bei zusammenhängenden Besprechungen sollte am Anfang jeder Folgebesprechung stets das Protokoll der letzten Besprechung nochmals aufgelegt werden. Dadurch kann der Fortschritt besprochen und auch bereits bewertet werden.(4), (5)

Trends

Der vermehrte Einsatz von IuK-Technologien führt entgegen der

Theorien tendenziell sogar zu einem Mehr und nicht zu einem Weniger an Kommunikationsbedarf. Gleichzeitig entkoppeln Wissensmanagement-Systeme, E-Learning, Community-Plattformen und Hypertextstrukturen allerdings Information und Wissen immer mehr von personalen, lokalen und temporalen Bezügen. Immer mehr Unternehmen setzen auf Web-Konferenzen und Online-Meetings für den zeitnahen und kostengünstigen Informations- und Wissensaustausch. Es wird geschätzt, dass im Jahr 2011 für bis zu 75 Prozent der Firmen Online-Meetings als standardmäßig neben den gewohnten Besprechungen stehen werden. (1)

Fallbeispiele

In der täglichen Praxis stellt sich neben den bereits aufgeworfenen Fragen auch die Frage danach, wann die richtige Uhrzeit für eine Besprechung ist. Auch diese Frage lässt sich nicht pauschal, sondern nur unternehmensabhängig beantworten. Allgemein gesprochen lässt sich jedoch aussagen, dass bei den meisten Menschen das Leistungsvermögen zwischen zehn und elf Uhr morgens und gegen 17 Uhr nachmittags am höchsten ist.

In der Praxis lässt sich regelmäßig feststellen, dass die Anzahl der Teilnehmer deutlich zu hoch gewählt wird. An Besprechungen sollte nur teilnehmen, wer auch aktiv zur Information oder zur Problemlösung beitragen kann. Weitere Teilnehmer sind überflüssig. Außerdem müssen nicht alle Teilnehmer die gesamte

Besprechung über anwesend sein. Es kann vielmehr effizienter sein, einzelne Fachkräfte nur zu bestimmten Tagesordnungspunkten zu laden. (3), (4)

Vor allem bei Chef-Meetings heißt es immer häufiger: mobile Geräte aus! Topentscheidern geht es auf die Nerven, wenn sie das Gefühl haben es hört keiner mehr zu. (6)

Weiterführende Literatur

(1) Wie viel Kommunikation braucht ein Unternehmen?
aus wissensmanagement, Heft 6, 2008, S. 32-34

(2) Fruchtbar statt furchtbar
aus Die Bank, Heft 05/2010, S. 76-79

(3) Bitte keine Besprechungs-Tortur
aus "Der Standard" vom 05.09.2009 Seite: K1 K2

(4) KOMMUNIKATIONSTIPPS Folge 5: Besprechungen halten
aus Die SparkassenZeitung, 13.03.2009, Nr. 11, S. 22

(5) Verbessern Sie Ihre kognitive Fitness
aus Die SparkassenZeitung, 13.03.2009, Nr. 11, S. 22

(6) Neulich in ... einem Chef-Meeting
aus Computerwoche, 22.02.2010, Nr. 08

Impressum

Besprechungsmanagement - Meetings souverän steuern

Bibliografische Information der deutschen Nationalbibliothek

Die Deutsche Nationalbibliothek verzeichnet diese Publikation in der deutschen Nationalbibliografie; detaillierte bibliografische Daten sind im Internet über http://dnb.d-nb.de abrufbar.

ISBN: 978-3-7379-0233-5

© 2015 GBI-Genios Deutsche Wirtschaftsdatenbank GmbH, Freischützstraße 96, 81927 München, www.genios.de

Alle Rechte vorbehalten. Dieses Werk ist einschließlich aller seiner Teile – z.B. Texte, Tabellen und Grafiken - urheberrechtlich geschützt. Jede Verwertung außerhalb der Grenzen des Urheberrechtsgesetzes bedarf der vorherigen Zustimmung des Verlags. Dies gilt insbesondere auch für auszugsweise Nachdrucke, fotomechanische Vervielfältigungen (Fotokopie/Mikroskopie), Übersetzungen, Auswertungen durch Datenbanken oder ähnliche Einrichtungen und die Einspeicherung und Verarbeitung in elektronischen Systemen.